AF343306

EDICT
DV ROY,

PORTANT CREATION

d'vn Conseiller second President,
& d'vn Conseiller Lieutenant Criminel en chacune Election de ce
Royaume.

*Verifié en la Chambre des Comptes le 22.
Iuin, & en Cour des Aydes le 14.
Auril 1638.*

A PARIS,
Chez P. CHARPENTIER, à l'entrée
du Quay de Gévre, prés le Pont au
Change au Paradis.

M. DC.XXIII.

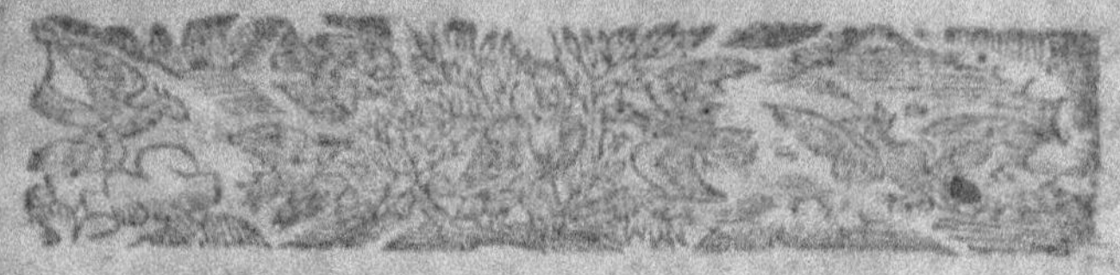

LOVIS par la grace de Dieu Roy de France & de Nauarre, A tous presens & à venir, Salut. LES grandes & excessiues despenses qu'il nous a conuenu faire depuis quelques années pour la solde & entretenemēt des armées que nous auons mises sur pied, pour la manutention de cét Estat & tranquilité publique, ont tellement espuisé nos Finences, qu'il nous est du tout impossible de les continuer, comme nous y sommes encores obligez, afin d'affermir la paix en ce Royaume, & le repos à nos subjets. Qu'en nous seruant d'aucuns des moyens extraordinaires qui nous ont esté proposez, entre lesquels celuy de la Creation d'vn second President en chacune des Elections de nostre Royaume, esquelles il n'y a qu'vn President estably, & d'vn Lieutenant Criminel en icelles, a esté iugé le plus vtile, attendu que les gages & droicts desdits Offices se prendront sur nostre fonds,

A ii

sans faire nouuelles leuées & impositions,
en supprimant les trois Offices de Receueurs & Payeurs des gages & droicts des
Officiers des Bureaux des Finances & Elections restans à pouruoir, qui doiuent iouïr
de l'exemption des Tailles, dont nos subjets receuroient vne grande surcharge. Ce
qu'ayant esté mis en deliberation en nostre Conseil, où estoient aucuns Princes
& Officiers de nostre Couronne, & autres grands & notables personnages: De
leur Aduis, & de nostre pleine puissance
& authorité Royale, Novs avons par
nostre present Edict perpetuel & irreuo-
cable, creé & erigé, creons & erigeons en
tiltre d'Office formé, Vn nostre Conseiller second President en chacune Election
de nostre Royaume où il n'y a à present
qu'vn President pouruen & estably en ver-
tu de nos precedens Edicts & des Roys
nos predecesseurs, & vn nostre Conseiller
Lieutenant Criminel en chacune desdites
Elections, Pour estre des maintenant par
Nous pouruen ausdits Offices, & lors que
vacation y escherra, de personnes capables, graduez & non graduez, & les posseder & exercer auec & ainsi que les anciens
Officiers sont tenus par nos Ordonnan-

ces : Et en ce faisant , afin de décharger
nosdits subjets de l'exemption des Tailles
desdits Receueurs & Payeurs des gages &
droicts des Bureaux des Finances & Elections, creéz par nostre Edict du mois de
Decembre mil six cens vingt-six, qui leur
estoit de notable preiudice, Auons éteints
& supprimez , éteignons & supprimons
ceux ausquels reste à pouruoir en execu-
tion d'iceluy. Attribuons ausdits seconds
Presidens presentement creez, les mesmes
prerogatiues , rang & preseance sur les
Lieutenans & autres Officiers desdites
Elections, que ceux dont iouïssent les Presidens d'icelles, pour en vser en la mesme
forme & maniere qu'il se pratique aux
Elections esquelles il y a deux Presidens
establis, Auec droict de presider tant en
l'Audience qu'en la Chambre du Conseil,
ensemble a l'assiette & departement des
Tailles : Et audit Lieutenant Crimniel,
seance, rang & droict de presider tant au
Ciuil qu'au Criminel , immediatement
aprés le Lieutenant ancien (lequel nous
voulons estre desormais qualifié Lieutenant Ciuil.) Attribuons en outre ausdits
second President & Lieutenant Criminel
les gages & droicts de cheuauchées con-

tenus en l'estat qui en sera arresté en noſtre Conseil & enuoyé en nos Chambres des Comptes, desquels sera fait fonds do reſnauant par chacun an, à commence-premier iour de Ianvier prochain, & iceux employez és estats de nos Finances au chapitre des Charges de chacune Election, & le fonds laiſſé és mains des Receueurs des Tailles d'icelles, pour les deliurer aux pourueus desdits Offices de quartier en quartier ſur leurs ſimples quittances. Iouſront dauantage les pourueus desdits Offices, & leur attribuons telles & ſemblables franchiſes, libertez, preeminences, exemption de Tailles, Aydes, priuilege de Committimus, taxations, diſtributions d'Eſpices tant du Ciuil que Criminel, Aſſiſtance aux departemens des Tailles, cheuauchees, Meſmes ceux qui ſeront establis és Generalitez d'Amiens & Chaalons, des cinq droicts de ſignatures & verificátions de Rolles hereditaires, & de tous les autres droicts & émolumens attribuez, & dont iouiſſent tant les Officiers des Elections desdites Generalitez, conformément à noſtre Edict du mois de Febûrier dernier, que ceux des autres Generalitez, ſuiuant les Edicts de la creation d'iceux,

fors & excepté les droicts hereditaires ac-
quis par lesdits anciens Officiers, sinon en
les remboursant actuellement par lesdits
pourueus, de leur contingente part de la
finance payée pour ladite acquisition : Ce
que nous leur permettons de faire, si bon
leur semble, & sans qu'ils y puissent estre
contraints: Auquel cas de remboursement
fait, ils iouyront desdits droicts hereditaires par égale portion auec lesdits Officiers
anciens. Auront lesdits second President
& Lieutenant Criminel cognoissance de
tous procés ciuils & criminels esdites Elections, auec les autres Officiers d'icelles,
desquels procés criminels ledit Lieutenant Criminel sera l'instruction priuatiue-
ment aux autres Officiers desdites Elections, dont les emolumens luy appartien-
dront: Et pour les ciuils, il en sera vsé comme il est accoustume. VOVLONS en outre, que les pourueus desdits Offices iouis-
sent du benefice de la dispense des qua-
rente iours, ainsi que nos autres Officiers,
pour les deux années prochaines, sans
qu'ils soient tenus payer le cinquiéme de-
nier de l'eualuation d'iceux, pour le temps
qui reste à expirer des neuf années portées
par nos Lettres de Declaration des vingt-

septiéme Ianuier, vingt-vniéme Decembre mil six cens trente, & vingt cinquiéme
Nouembre mil six cens trente-vn, ny du-
rant lesdites deux années, le droiƈt an-
nuel, ains seulement pour les années sui-
uantes, sur le pied de l'eualuation des Offices de Presidens & Lieutenans esdites
Elections. ET desirant maintenir & con-
seruer la Iurisdiction & authorité desdits
Presidens, Lieutenans & Eleus, suiuant
les Ediƈts de leur institution, VOVLONS
& ordonnons qu'ils iouyssent du contenu
en la Declaration du vingt-huiƈtiéme Decembre mil cinq cens quatre-vingts quatorze, registrée en nostre Cour des Aydes
à Paris, le troisiesme May mil cinq cens
quatre vingts quinze, interpretatiue desdits Ediƈts : & que conformément àicelles
en toutes Lettres qui seront expédiées en
nostre Conseil pour imposition & leuées
de deniers sur les Villes & Bourgs de ce
Royaume, franches & priuilegiées, & non
priuilegiées, ensemble en toutes Commissions pour le droit de subuention, Ordonne estre leuë sur lesdites Villes franches, au lieu du droit de pencarte esteint
& supprimée en l'annee mil six cens trois,
bien que la leuée se face par cotisation,

ou sur les denrées & marchandises en
trans esdites Villes, dont l'adresse se fait
aux Tresoriers Generaux de nos Finances, il soit mandé ausdits Tresoriers de
faire faire ladite leuée & imposition par
lesdits Presidens, Lieutenans & Eleus, &
qu'ils procedent aux baux à ferme des
choses subietes à ladite subuention, droits
d'appetissement & courte - pinte, & de
toutes autres Aydes & droits accordez
par octroy ausdites Villes, de quelque na-
ture qu'ils soient, en presence des Esche-
uins d'icelles, & qu'ils ayent la cognoissance en premiere instance, & par appel en
nos Cours des Aydes, de tous procés ciuils
& criminels concernans lesdites leuées de
deniers, subuentions & octroys, & genera-
lement de tous deniers, droits d'Aydes
& subsides leuez & à leuer sur nos Subjets,
de quelque qualité & condition qu'ils
soient, excepté toutefois nos Villes ayans
obtenu de nous & des Roys nos predecesseurs, concessions & priuileges particu-
liers pour ladite cognoissance, ausquels
nous n'entédons déroger: Défendant tres-
expressément à nos Baillifs, Seneschaux,
leurs Lieutenans, & tous autres Iuges, de
prendre cour & iurisdiction de procez &

differends concernans les choses susdites,
circonstances & dependances, ny s'im-
miscer ausdites adiudications, baux à ferme, & ordonner desdites leuees, ains en
laisser la libre & entiere cognoissance à
nosdits Officiers des Elections selon qu'el-
le leur est attribuée par nos Ordonnances. Enioignant à nos amez & feaux Conseillers les Presidens & Tresoriers de France, de faire l'adresse à l'aduenir de toutes
Commissions & leurs Attaches pour la
leuée & imposition desdits deniers, soit
pour ladite subuention ou autres Aydes,
Tailles, subsides & leuees particulieres
qui seront ordonnées en nostredit Conseil sur lesdites Villes franches, priuilegiées & non priuilegiées, ausdits Presidens,
Lieutenans & Eleus, & non ausdits Baillifs, Seneschaux, Lieutenane Generaux &
autres Iuges quelconques, encores que
par inaduertence ou autrement l'adresse
leur en fut faite au preiudice de nosdits
Officiers des Elections; Ce que ne voulons auoir effet. VOVLONS aussi que
nonobstant la Declaration faite en l'an-
née mil six cens quatorze, & conformément à nostredit Edict du mois de Feb-
urier dernier, que tant lesdits anciens Of-

ficiers que ceux presentement creez , qui
pour leur commodité voudront resider
hors la Ville de leur Election , le puissent
faire , & que neantmoins ils iouyssent de
l'exemption des Tailles & Aydes , comme
si ils y faisoient leur residence , pourueu
toutefois qu'ils demeurent au dedans du
ressort de leur Election , & qu'il y ait nom-
bre suffisant desdits Officiers y demeu-
rans actuellement pour rendre la Iustice
à nos subjets.

SI DONNONS EN MANDE-
MENT à nos amez & feaux Conseillers
les Gens tenans nostre Chambre des
Comptes & Cour des Aydes à Paris , que
ces presentee ils facent lire , publier & regi-
strer , & le contenu en icelles garder & ob-
seruer inviolablement , sans permettre qu'il
y soit contreuenu , nonobstant oppositions
ou appellations , & autres empeschemens
quelconques , pour lesquels , & sans preju-
dice d'iceux ne voulons estre differé , nonobstant aussi tous Edicts , Ordonnances ,
Reglemens , Arrests , & Lettres à ce con-
traires , ausquelles & à la dérogatoire des
dérogatoires y contenuës , nous auons dé-
rogé & dérogeons par ces presentes : CAR
tel est nostre plaisir. ET afin que ce soit

chose ferme & stable à toufiours , nous auons à icelles fait mettre & appofer noftre feel , fauf en autre chofe noftre droit, & l'autruy en toutes. DONNE' à Paris au mois de Decembre, l'an de grace mil six cens trente-deux , & de noftre regne le vingt-troifiéme. Signé , LOVIS , & plus bas,par le Roy, DE LOMENIE, & feellé du grand Seau de cire verte en laqs de foye rouge & verte. Et plus bas eft écrit :

Leu , publié & regiftré en la Chambre des Comptes, Ouy & ce confentant le Procureur General du Roy, par le commandement de fa Majefté, porté par Monfieur le Comte de Soiffons , affifté des Sieurs Duc de Chaulne , Marefchal de France, de Leon & Tallon, Confeillers au Confeil d'Eftat, le 22. iour de Iuin 1633. Signé, BOVRLON.

Regiftré en la Cour des Aydes, du tres-exprés commandement du Roy, pour eftre executez felon leur forme & teneur, fauf aux Prefidés & Eleus des Elections du reffort de ladite Cour, à fe pourfuir par deuers fa Majefté pour leur defdômagement, ainfi qu'ils aduiferont bon eftre , fuiuant l'Arreft donné ce iourdhuy, les Chambres affemblées. A Paris le quatorziéme iour d'Auril mil fix cens trente-trois. Signé, BOVCHER.

EXTRAICT DES REGISTRES
de la Cour des Aydes.

VEV par la Cour les Chambres assemblées, les Lettres Patentes du Roy en forme d'Edict du mois de Decembre mil six cens trente-deux, Signées, LOVIS, & plus bas, Par le Roy, DE LOMENIE, & seellées de cire verte sur laqs de soye rouge & verte; par lesquelles sa Majesté auroit creé & erigé en tiltre d'Office formé, Vn Conseiller du Roy second President en chacune Election de ce Royaume où il n'y auoit qu'vn President pourueu & estably, & vn Conseiller du Roy & Lieutenant Criminel en chacune desdites Elections, pour y estre pourueu de personnes capables, graduez & non graduez, & posseder & exercer lesdits Offices ainsi que les anciens Officiers desdites Elections, auec attribution ausdits seconds Presidens des mesmes prerogatiues, rang & preseance sur les Lieutenans & autres Officiers desdites Elections, que ceux dont iouïssent les Presidens d'icelles, pour en vser en la mesme forme & maniere qu'il se pratique aux Elections esquelles il y a deux Presidens establis, Auec droict de presider tant en l'Audience qu'en la Chambre du Conseil, ensemble à l'assiete & departement des Tailles : Et audit Lieutenant Criminel, seance, rang & droict de presider tant au Ciuil qu'au Criminel immediatement apres le Lieutenant ancien, lequel sa Majesté veut desormais estre qualifié Lieute-

nant Ciuil. Auront lefdits second Prefident &
Lieutenant Criminel cognoiffance de tous procés ciuils & criminels efdites Elections auec les
autres Officiers d'icelles, defquels procés criminels led. Lieutenant feroit l'inftruction, dont
les émolumens luy appartiendroient : & pour
les ciuils, qu'il en feroit vfé comme il eft accou-
ftumé. Et pour maintenir & conferuer la Iurif-
diction & authorité defdits Prefidens, Lieutenans & Eleus, Sadite Majefté veut & ordonne
qu'ils iouïffent du contenu en la Declaratio du
vingt-huictiéme Decembre mil cinq cens quatre vingt treize, & que conformément à icelle
en toutes Lettres qui feront expediées pour im-
pofition & leuée de deniers fur les Villes &
Bourgs de ceRoyaume, bien que la leuée fefice
par cottifation, dont l'adreffe fe fait aux Treſo-
riers Generaux des Finances, il foit mandé auf-
dits Treforiers, de faire faire la dite leuée & im-
pofition par lefdits Prefidens, Lieutenans &
Eleus, & qu'ils proce feront aux baux à ferme
des chofes fujettes à ladite fubuention & droits
d'appetiffement & courte pinte: Et afin de def-
charger par fa majefté fes fuiers de l'exemption
des Tailles, auroit fupprimé les trois Offices de
Receueurs & Payeurs des gages & droicts des
Officiers des Bureaux des Finances & Elections
reftans à pouruoir, creez par Edict du mois de
Decembre mil fix censvingt-fix, le tout fuiuant
& ainfi que plus au long le contiennet lefdites
Lettres, Arreft de la lite Cour du dix-feptiéme
Feurier mil fix cens trentetrois, par lequel ladite Cour auroit dit ne pouuoir entrer en la ve-

rification defdites Lettres en forme d'Edict,&
fupplioit tres-humblement le Roy de l'en dif-
penfer. Lettres Patentes de fa Maiefté, donnnées
à Paris le vingt vniéme Feurier 1633. Signées,
L o v i s, & plus bas, Par le Roy, D e L o m e-
n i e, & feellées fur fimple queuë de cire iaune,
portans iuffion & mandement à ladite Cour, de
proceder inceffamment à l'enregiftrement pur
& fimple dudit Edict , nonobftant ledit Arreft
& les caufes motiues d'iceluy. Arreft de ladite
Cour du dix neufiéme Mars 1633. par lequel auroit efté ordonné que tres-humbles Remon-
ftrances feroient faites au Roy. Autres Lettres
Patentes en forme de Iuffion , données à fainct
Germain en Laye le vingt huictiéme Mars 1633.
Signées, LOVIS , & plus bas, Par le Roy, D e
L o m e n i e, & feellées de cire iaune , portans
mandement à lad Cour dē proceder inceffamment à l'enregiftrement pur & fimple dud. Edit
du mois de Decembre 1632. fans plus y apporter
de longueur,refus ny difficulté nonobftant toutes oppofitions faites ou a faire,la cognoiffance
defquelles le Roy a referue à fon Confeil. V e v
auffi les oppofitions données à la verification
defdites Lettres, par Maiftres Iean le Bourdais,
Nicolas Martineau, Iean Lefperon, Antoine
Cardon , Euftache April, Iean Moifnet, Prefidens és Elections du Mans, Auxerre, Amiens,
Abeuille, Doullens, Mante, Tours: Iacques de
Buffy, Lieutenant General en l'Election de Pon-
thieu: Vrban Thomas, & Réné Hubert, Lieutenans és Elections du Mans & Chafteau du
Loir: Guillaume Brice, Eleu en l'Election de

Chasteaudun: les Presidens, Lieutenans & Eleus
ésElections d'Estampes Lyon, Chartres, Pon-
thieu & Chaalons. Arrest du douziéme Mars
mil six cens trente trois, par lequel a esté ordonné que dans trois iours pour tous delais, les
opposans fourniroient leurs causes d'oppositions, autrement forclos. Causes d'oppositions
fournies par les Presidens, Lieutenans & Eleus
ésdites Elections de Lyon, Estampes: April,
President en l'Election de Mante; & Guillaume
Menard, President en l'Election de Montargis;
& autre Conclusions du Procureur General du
Roy, Et tout consideré: LA COVR du tres-
exprés commandement du Roy, A ordonné &
ordonne lesd. Lettres estre registrées au Gref-
fe d'icelle, pour estre executées selon leur forme
& teneur, & sauf aux Presidens & Eleus des Elections du ressort de ladite Cour, à se pouruoir
par deuers le Roy pour leur dédommagement,
ainsi qu'ils aduiseront bon estre. FAICT a Paris
les Chambres assemblées, le quatorziéme iour
d'Auril mil six cens trente-trois.

Signé,   BOVCHER.

Collationé aux Originaux par moy Conseiller
Secretaire du Roy & de ses Finances.